사과꽃 따는 날

사과꽃 따는 날

| 주정란 시집 |

도서출판 천우

● 시인의 말

내 생애 첫 번째로 그동안 써왔던 시들을 모아 개인 시집을 발간한다하니 마음도 조심스럽고 설레기도 합니다.

저의 시 주제는 가족과 자연 그리고 일상에서 찾는 소소한 일들의 감사함을 쓰게 되었습니다.

문학의 길을 걸을 수 있게 된 철원문인협회 정춘근 시인님과 회원님들의 응원에 감사드리고, 사랑하는 부모님과 가족, 친구, 지인 분들은 물론 첫걸음을 내딛는데 도움주신 도서출판 천우 관계자분들과 박숙자 시인님 그리고 캘리로 지원해준 염남교 친구에게 감사함을 전합니다.

그 외 많은 관심과 격려해주신 모든 분들께 깊은 감사의 인사드립니다.

2023년 5월

제1부

사과꽃 따는 날

제2부

삶의 터전에서

제3부

장독의 일기

제4부

꽃다지

제1부

사과꽃 따는 날

사과꽃 따는 날

어린 나무에
빨강빨강 사과 닮은 꽃망울 터뜨리며

살랑살랑 바람결에 사과향기 실어 나른다

아기자기 예쁜 꽃보자기 펼치고 있기에 오래도록 보고 싶었지만

꽃잎 하나하나 자르고 있다가 문득
미안한 생각이 들었다

피어나자마자 너를 떨어뜨려 미안해 내가 사과할게

미안해하지 않아도 된다고 향기 날리며 살포시 꽃미소 지어준다

안녕 고모

내 나이 오십 중반 넘어서야
고모에게 처음으로 사랑합니다 하며
안아드렸을 때 해맑게 웃으시고

시인 등단했을 때
가문의 영광이라고 좋아하시던 모습

어마어마한 규모의 시상식 있는 날에도
먼 길 달려와 자랑스럽다 축하해 주시고

온 가족 모여 산정호수 나들이 한 날에는
생전 처음으로 소풍 나왔다고 푸짐하게
간식보따리 챙겨 오신 천진난만한 미소

아버지와 손잡고 옛 고향집터 거닐던
애잔한 뒷모습이 눈에 선해요

여름 축제
있던 엊그제 비가 오는 날에도
좋아하던 멋진 가수 공연을 보고 즐거워하셨던 고모

영영 떠나보낸 오늘 밤 벌써부터 그리워집니다
많이 생각날 거예요
고모 안녕

만사형통 사행시

만♡ 만남의 소중한 추억상자에 무엇을 담아놓을까

사♡ 사랑하는 사람의 고운 눈빛 향기 소담스럽게 담다보니 말로

형♡ 형언할 수 없는 기쁨과 은혜의 감동이 사랑의

통♡ 통로가 되어 마음과 마음을 연결해 주는 것을 알게 되어 참으로 기쁘다

가족에게 편지를 쓰다

내가 쓴 시가 노래로
만들어져 발표되던 날

말로 다 표현 못할 기쁨과 감동이 밀려왔다
나는 그날 생전 처음 언니를 안아봤다

그 순간 뜨거운 눈물 속에 모든 감정이
사르르 녹아내렸다

육십이 훨씬 넘어선 언니를 안아 보며
무엇이 어려워 사랑한다 말을 안 하고 살았을까

가족이라는 이유 하나만으로
표현하지 않았던 나를 돌아보게 되어

식구들에게 일일이 고맙고 감사하다는
내용의 문자를 보냈다

나이 오십 후반이 되어 가족에게 편지를 쓰고 나니
바로 감사의 화답이 나에게로 돌아왔다

아 표현은 내가 먼저 하면 되는 거였구나
앞으로는 자주 말해 줄게 사랑해

월드컵 십육 강 진출한 날

월드컵으로 대한민국이 하나 되는 날
드넓은 광장에 모여 손에 땀을 쥐게 한 경기에
컵에 담긴 음료 한 잔 단숨에 마시며 환호성 울려 퍼진다

십육 강 진출이 확정된 순간 대한민국 선수들과
한마음으로 응원한 국민들의

육체적 피로는 한순간에 사라져 버렸다
강하고 담대한 신념과 노력이 빚어낸
값진 승리의 영광이여

십육 강 진출이라는 크나큰 환희와 영광을 안겨준
그대들의 승전보에 힘찬 박수를 보냅니다

출중한 경기력과 굳은 의지로 꿈을 이루어 가기 위해
날마다 흘렸던 땀방울이 빛을 발한 기쁨의 날
또 한 번의 기적 같은 승리를 꿈꾸며

둥지

빈 둥지 주인은 누구였을까

제 집 떠나 어디로 갔을까

지금은 그 어디서 새로운 보금자리를 틀고 있을까

까치니 까마귀니 대답 좀 해다오

시인이 되고나서

시인 등단하던 날 부모님과 고모 고모부
언니와 동생 올케 그리고 아들딸이 모여

꽃단장에 꽃다발 준비하고 세상에서
가장 행복한 날을 축하해주었다

가문의 영광이라며 축하금도 주시고
딸은 머리 미용부터 정장 선물까지 받아 호강했다

농사일만 하던 내가 주목받게 되고
인정해주던 순간을 잊을 수가 없다

나이 들어 무슨 시를 시작할 수가 있을까
걱정도 했었지만

지인들의 응원에 힘입어 최선을 다하고
마음을 가다듬으며 한걸음씩 나아가게 되었다

나의 짧은 시 한 줄에 즐거워하는 모습을 보니
흐뭇하기도 하고 더 많이 다듬어가야겠다

소방 날 삼행시

소중한 인연들의 일상에서 꼭 필요한 손길로
보이지 않게 최선을 다하시는

방방곡곡 숨은 천사의 크나큰
수고와 배려에 감동 받습니다

날마다 숨 쉬는 순간마다 애쓰시는
소방관님들께 감사와 응원의 마음 전합니다

왜 그럴까

아버지 칠순 잔치 있던 날
가족들 돌아가며 부모님께 하고 싶은 말
한마디씩 하라고
사회자가 마이크를 건네주었다

사람들이 많아 조금 떨렸지만 감사인사를 시작했다

아버지 엄마 저를 예쁘게 낳아주셔서 감사합니다 했더니
가족과 하객들이 배꼽이 빠져라 웃으셨지요

얼마 전 남편에게 그 이야기를 꺼냈더니
가슴에 손을 얹고 생각을 해보면 왜 웃었는지
알 수 있을 거라고 했다

아하 그거였구나
이제 알았다 왜 그랬는지

백세 친구

전화 연결음이 10번도 더 울린다
조마조마하면서 조금 더 기다려보았다

잠시 후 수화기 너머 들려오는
반가운 목소리

잘 지내시죠 작은 소리로
인사 먼저 건넨다

그저 아무 별일 없죠
친구 양반도 잘 있죠
전화해줘서 고마와요

할머니는 꼭 존댓말을 하신다
서너 마디의 말이 반복되어도 나는 마음이 놓인다

외롭지 않게 재잘재잘 하하호호
짧은 통화에 어린아이같이 웃으신다

백세 친구 앞으로도 지금처럼
건강하게 지내세요

콩

밭 한 귀퉁이에 잡초 뽑아
땅을 고르고 호미로 콕콕

한 줌의 콩 씨앗 몇 군데에 두세 알씩
심어 꼭꼭 눌러놓았다

며칠 후에 가보니 땅을 뚫고 뾰족 올라온
어린 콩잎 귀엽기도 해라

보고 또 봐도 신비롭다
내가 처음 심어놓은 것이 잘 자라고 있어 흐뭇했다

다음 날 밭에 갔더니 얄미운 새가 냉큼 쪼아 먹었고
가까스로 살아남은 콩 이번에는 고라니가 와서 먹어버렸다
아이고 아까워라

내가 먹을 거는 남겨놓은 새와 고라니 밉지만 착하다
같이 나눠먹었으니 그거면 된 거지

물봉선

예전에 나는 너의 이름도 몰랐고
너를 만나도 무심코 지나가버렸어

지인이 보내준 사진과 이름을 안 날
성묘 가는 길에 너를 만났지

보랏빛 고운 얼굴로 따사로운 햇살 아래
조용히 나를 바라보는 너와 마주한 날

애정 어린 눈길로 인사 건넸더니
화사하게 웃으며 반겨주었지

꽃잎도 곱고 단아한 물봉선
이제 확실히 기억했으니

다음에 만나면 내가 먼저
사랑스러운 너의 이름 불러줄게

나팔꽃 연주

한적한 골목길 돌아 땅바닥을 보며 힘겹게 걷다
우연히 마주친 가녀린 나팔꽃

주위를 둘러보니 꽃밭이 아닌 콘크리트 바닥
갈라진 작은 틈새에서 지나가던 나를 불러 세운다

언제부터 기다린 건지
조금 힘이 없어보였다

가던 길 멈추고 눈 맞추며 나직한 속삭임에
귀를 기울여 보았다

나를 위해 작은 연주를 해줄 테니 들어보라 손짓하며
실바람 지휘에 맞춰 흔들흔들 아름다운 나팔꽃 연주 들려주었다

훌륭한 연주 솜씨에 박수를 보냈다
다음에 또 오라고 고운 미소 지어준
너의 모습 기억할게

예쁜 그대

몽실몽실 꽃구름 타고
날아올라요

손잡고 웃으며
꽃길도 걸어요

꽃바구니에 예쁜 미소
담아놨어요

당신 향한 마음의
꽃 편지 받아주세요

그대가 더 빛나는 이유는
웃음꽃이 피어있기 때문이에요

어머니 마음

선물로 들어온 인삼차
한 잔 아들에게 살짝
건네주셨다

한 모금 마시려던 남편에게
무언의 눈빛을 보내자

마주앉은 아들에게 살짝
찻잔 밀어준다

때마침 그 모습을 보신 어머니
말없이 다시 아들에게 전해주신다

어머니의 사랑 담긴 모습 보며
피식 웃음이 나왔다

태양을 향한 마음

산봉우리에서 떠오르는
발그레한 태양아

너를 맞이하는
이 순간이 설레는구나

친구가 되어주는
너를 보면 왠지 마음이 따뜻해

내 마음 들킬까봐
부끄러워 나무 뒤에 숨었다

예뻐지는 비결

하늘에 그려진
몽실몽실 꽃구름

사랑하는 그대와
함께 걷는 꽃길

싱그러운 내음
가득한 꽃바구니

사랑 실어 보내는
꽃 편지

내가 예뻐지는 비결은
웃음꽃이었구나

눈사람 콘테스트

눈이 많이 온다고 집집마다
나와서 눈사람을 만든다

하하 호호 재잘재잘
어린아이로 돌아간다

눈사람에게 마스크 씌우는
기발한 생각

고깔모자와 팔은 과자로 만든
빵집 앞 눈사람

조약돌 목걸이하고
병뚜껑 단추 단 고양이
눈사람은 인기 많은 모델

눈사람과 마주한
어른들의 동심은 살아있었다

코로나 19

코와 입을 가리고
살아온 지난 1년
로데오 거리와 버스킹으로
북적이던 대학가
나란히 마주 걷던
화려한 불빛들이
일제히 멈추어 서있는
지금의 이 상황이
구름 사이로 비치는
한줄기 햇살처럼
다시 빛나기를

제2부

삶의 터전에서

첫눈

첫눈이 내린다
아이들의 첫눈은 즐겁다
추위도 잊은 채 마냥 신난다

연인들의 첫눈은 행복하다
내리는 눈을 바라보며
서로의 사랑은 깊어간다

노인들의 첫눈은 쓸쓸함이다
소중했던 사람과 함께했던
추억을 그리워할 뿐이다
당신에게 첫눈은 어떤 의미인가

삶의 터전에서

따다다다 딱따구리
나무랑 입 맞추고
째재잭 참새
떨어진 사료 물어가고

솔 적다고 소쩍새
배고픔 달래가며 우는
정겨운 이곳에서
싱그러운 아침을 맞이하는

나는 참으로
행복한 사람입니다

뽀송뽀송 솜털달린 토마토
고추랑 어린 들깨

잡초 뽑아주는 내 손길 기다리는
모종들과 하루를 보내는

나는 참으로
행복한 시인입니다

마스크

마음껏 편히 숨 쉬고 싶어도
참아야 하고
스쳐 지나가는 인연도 몰라보는
현실에 한숨 나와도
크나큰 행복과
건강을 위해서
너와 함께하니
든든하구나

보따리

명절 때 친정 가는 딸
두 손에 선물 보따리
아이들 어렸을 적엔
기저귀 보따리
가족여행 갈 때는
주섬주섬 약 보따리

온 가족이 모여앉아
웃음보따리

달콤한 결실

첩첩산중 맑은 자락에서 돌아온
아들의 검게 탄 얼굴을 보니
측은한 마음이 들었다
처음 꿀을 수확한 아들은
그 어느 때보다 더욱
해맑은 미소로 반긴다
이마에 흐르는 것은
꿀방울이다
양봉 일은 쓰다 그러나
그 결실은 정말 달콤하다

지하철에서

"이번 역은 잠실역입니다
승객 여러분 오늘도 많이 힘드셨죠
남은 시간 행복하고 즐거운
일이 가득하시길 바랍니다."
나른한 오후 지하철 안에서
들려온 몇 마디에
감동의 물결이 밀려온다
한결같이 무표정한 얼굴로
휴대전화와 눈 맞추고
피곤에 지쳐 눈을 감고 있던 사람들도
비타민 같은 활력의 응원을 받으니
한순간 입가에 미소가 번진다

휴식

이글거리는 태양빛 아래
고구마밭 김을 매다
잠시 호미를 내려놓는다

나무 그늘 밑에 자연이 준비해준
울퉁불퉁한 돌을 의자삼아

등줄기 따라 미끄럼 타는
땀방울 말려주려고

바람이 내 온몸을
살랑살랑 간지럽힌다

시원한 쉼터에서 휴식하니
어느새 더위는 저 멀리 달아났다

앵두꽃

반짝이는 보석 장식한
귀여운 앵두꽃

비야 비야
꽃잎 떨구지 말아라

꽃잎 떨어져도 울지
말아라

비에 젖은 앵두꽃에게
살며시 인사를 건네다

어딘지 모르게
나와 닮아 있어

눈에 비친 한 방울
몰래 감춘다

모종

폭신한 땅에
시원한 물 부어주고
딸기모종을 했다

벌 키우는 우리 아들
꽃가루가 많이 나니

꿀벌이 많이 오겠다
싱글벙글

나는 싱싱한 딸기
마음껏 먹을 생각에
꼴깍 침 넘어간다

양지꽃

옷깃을 여미는 추위를 이기고 나온
앙증맞은 꽃

들길 따라 별모양 꽃잎 펼치고
봄 마중하는 너의 이름

작고 여린 너에게
눈길조차 주지 않던 내가
밉지도 않은지

양지 바른 곳에 앉아 매일
방긋방긋 웃으며 반겨준다

선생님의 칭찬

가끔 지각하기 일쑤였던 어느 날

일등으로 등교해 너무 신이 나서
뛰어 들어오다 보니 그만
신발이 날아가 교실 유리창이
깨질 뻔 했다

하교 후 빼곡하게 적어낸
일기를 참 잘 썼다고 세 반을 다니며
친구들에게 읽어주신 선생님

무서운 줄만 알았던 그분의
칭찬 한마디가 수십 년을 지난
지금도 잊혀지지 않는다

용기와 희망을 선물해주신
선생님 정말 감사합니다

엄마의 손

고추밭 한 고랑 목장갑 하나 안 끼고
흙먼지 머리에 내려앉아도 쉬지 않고

비 오듯 흐르는 땀방울 손등으로 쓱쓱 닦고
사이사이 쑥쑥 잘도 자라는 얄미운 풀들을
뽑아내신다

무심코 보게 된 엄마의 검고 깊은 골이 생긴
손을 보고 코끝이 찡했다

평생 가족 위해 농사일을 해내신
손등에 난 주름은 한없이 넓은
엄마의 밭이 되어 있었다

엄마의 손 안에 살며시 내 사랑
쥐어드린다

내 친구

노래 재능 기부도 멋지게 하고 정성이 깃든 음식도
나누는 멋진 내 친구

친근하게 지내지만 친구 이전에 내가 존경하는
천사표 경찰이라는 것이 정말 든든하다

아들이 아팠을 때에도 타 지역에 전출 갔을 때도
아파하며 울었는데

저 앞에 보이는 한줄기 빛 바라보며 기다렸더니
어느새 옆에 다시 와 있게 되었지

어려운 일 있더라도 조금만 더 힘을 내보자
마음으로 기도하고 응원할게

붕어빵

눈에 넣어도 안 아픈 내 딸은
처음 보는 사람들도 단번에 알아본다

붕어빵이라는 소리를 자주 듣던 어린 시절
"어머 어쩜 엄마랑 똑같네"
자주 찾아오는 지인의 말에 서럽게 울어댄다

농촌에서 일하느라 얼굴도 까맣고
눈도 작고 주근깨도 많은 내 얼굴이

어린 딸이 보기에도 못생겨 보였는데
자꾸만 똑같다는 말을 들으니 무척 속상했다고
아이의 솔직한 말에 한참을 웃었다

등

알콩달콩 사이좋을 때는
서로 마주보며 잠자고

말다툼이 있던 날에는
등을 돌리고 기대어 잔다

선으로 그으면 한 줄이지만
눈을 마주치는 거리는
세상에서 가장 멀기만 하다

가깝게 있으면서 멀리 있는
온기가 도는 등 너머에서
사랑이 다시 돌아온다

치과

두근두근
치료실로 가는 길
내 귀에 들리는 심장소리

작은 눈은 점점 커져만 가고
내 앞에는 커다란 화면에 흑백사진 보인다

하얀 천정 바라보며
긴장감이 감도는 순간
다정하게 들리는 목소리

눈이 마주친 치과 선생님
반가워야 하는데…
숨겨왔던 치아 가져가시는

무서운 선생님

감사로 사는 오늘

해가 뜨고 지는 하루의 삶 속에서
사랑과 행복의 씨앗이 자라는 것에
감사하고

외롭다 느낄 때 당신이 옆에 있었고
힘들 때 품어주고 계셨음에 감사하고

숨을 쉬고
먹을 수 있고
볼 수 있음에 감사합니다

매일매일이 행복한 이유는
바로 오늘이 내가 바라던 희망의 내일이니까

앵두나무

똑 똑 후드득 물방울 뿌리며 따가운 햇살에
시들었던 앵두나무 잎새 깨운다

반가운 친구 맞이하는 앵두나무는
행복한 춤을 추고 있다
초록빛 옷에 루비보석 주렁주렁 달고서
빗방울도 덩달아 신이나 나뭇잎을 타고 논다

비야 너무 세게 흔들면
예쁜 앵두장식 다 떨어질라
비는 앵두랑 같이 있고 싶어서
가지 끝에 매달려 빨간 눈물 머금고 있다
앙증맞은 그 모습이 정말 귀엽다

눈길

누가 그렸을까
온 산에 있는 나무들 모두
하얀 이불 덮고 숨바꼭질 한다

아무도 가지 않은 눈을 밟으면 무엇이
수줍어 뽀드득 뽀드득 웃음 지을까

나무 위에 쉬고 있는 눈꽃이 햇살 아래
은빛 미소 짓는다

내 앞길도 눈부신 삶이 펼쳐지길 소망하며
힘차게 나아가자

뒤돌아보면 나의 발자취 멋지게 남아 있겠지
혼자 걷는 이 길에 찍혀진 발자국
그러나 시간이 지나면 흔적도 없이 사라지겠지

제3부

장독의 일기

장독의 일기

내가 사는 옥상에는 간장 고추장
된장독이 옹기종기 모여 살지요

주인장은 정성껏 식구들의 몸을
닦아주고 일광욕도 시켜주시며
흐뭇하게 바라보신다

밤사이 내린 눈 때문에 머리가 차가웠는데
신기하게도 기분이 좋아진다
친구들도 반짝이는 모자 쓰고서
까르르까르르 웃는다

조금 더 놀고 싶은 마음이었지만
부지런한 할머니 엉금엉금 올라와
감기라도 걸릴세라 우리들의
머리를 깨끗하게 빗어주신다

가을 여인

살랑살랑 가을바람
옷깃마저 여미게 하는 아침에
홀로 서서 양팔 벌려
한 바퀴 빙글 돌아다본다

사라락 바람결에
고운 옷 갈아입은
잎새 춤추며 한 잎 두 잎
내 어깨에 내려앉는다

알록달록 곱디고운 빛깔로
마음 설레게 하는 가을빛
오솔길 따라 상쾌한 바람
마음껏 맞이하면서

슬픔 한 잎 떨구고
아픔 한 잎 날리고
기쁨 한 아름 안고
행복 한가득 담아본다

시월의 어느 날에
멈추지 않고 가는 바람아
잠시 나를 위해
쉬었다 가면 안 되겠니

겨울나무

봄에 본 너는
작은 잎새 틔우며 희망을 품었고
여름에 본 너는
무성한 잎으로 풍성한 기쁨 주는구나
가을에 만난 너는
아름답고 고운 옷 차려입고
소풍 나온 친구에게 좋은 선물
나누어 주었는데
어느 날
시리도록 아픈 비바람
찾아보더니 온몸을 덮어주던
나뭇잎 멀리멀리 떠나가 버렸다
가여운 너를 바라보다
문득 내 눈에 보인 너의
섬세한 가지는 이제껏 보았던
너와는 또 다른 아름다움을 가졌구나
너는 슬퍼하는 나에게
맑고 깨끗한 하얀 눈꽃으로
위로해주었고 희망의 이불로
덮어 따스한 내일의 설렘을 안겨주었다

코스모스

햇살 눈부셔 고개 숙였나
낯설은 시선 부끄러워
얼굴 빨갛게 변했네

솔솔솔 불어오는 바람에
라라라 기분 좋게 춤을 춘다

다소곳이 속삭이며
나를 부르는 작은 목소리 들려오네

가을꽃 코스모스야
귀여운 손 흔들며 반가이 맞이하는 너의 모습이 정겹구나

가녀린 어깨에 잠시 쉬었다 가는 잠자리에게도

한결같이 미소 짓는
따뜻한 마음 잊지 않고 기억할게

아버지 목소리

친정 엄마와 2박 3일 연극을 보고 난 후에
한참을 생각해 보니 나는 한 번도 부모님과
여행을 해본 적이 없었다

"아버지 저 소원이 있어요."
"소원? 그래 딸 소원이라면 들어줘야지"
하시며 웃으셨다

그래서 명보극장 건물에 있는 뮤지컬 공연장에
갔는데
"여기는 내 나이 열다섯 살 때 전쟁이 나서 나보다 더
큰 통을 메고 아이스깨끼를 외치며 다녔는데 정란이
덕분에 다시 와보네" 하셨다

변성기 때에 하도 소리를 크게 질러서
쉰 목소리가 되셨다고 하신다

한 번도 들어보지 못했던 목소리의 비밀을 알게 되어
살짝 눈물이 났다

젊었던 그 청년은 백발이 되어
한참을 광장에 머물러 계셨다

순두부 한 봉지

오랜 갈등 속에
몇 년 동안 시댁에서 살다가 조금 떨어진 곳으로
분가를 했다
가까운 곳이라 이사를 나왔어도
발길을 아예 끊을 수가 없었기에 매일 오고갔다

어머니가 밭일을 나가셔서 홀로 적적하실까 봐
장에 나오시는 할머니에게서
순두부 한 봉지 사들고 들어가
아버님과 남편과 나 셋이서 점심을 먹었다

설거지를 마치고 마루에 앉아 계시는 아버님께
“저희 이제 나갈게요. 내일 또 올게요.”

“그래 순두부 잘 먹었다.”
매일 같이 있을 땐 몰랐는데
그날따라 힘없이 앉아 대답하시는
아버님의 뒷모습이 짠하게 느껴졌다

순간 눈물이 핑 돌았다
남편에게 "아버님 뒷모습이 왠지 안쓰러워서 눈물이 나."
하면서 울었다
그러다 남편과 눈이 마주쳤다
같이 울고 있었다

탁구공

초등학교 특별활동 시간에 처음으로 배웠던 날
선생님 서브, 눈 깜짝할 새 날아오는 공을 받지 못했다고
어린 나를 매정하게 대걸레 자루로 엉덩이를 때렸다
어떻게 처음부터 잘하기를 바라는 것인지

그 작은 것이 뭐라고 가슴이 답답하고
숨을 쉴 수가 없는 충격을 받아 40년 동안 작은
응어리로 남겨져 있었다

어느 날, 무서웠던 호랑이 선생님과 통화를 하게 되었다
순간 악몽이 떠올랐지만 이미 백발이 무성한 할아버지로
변한 모습에 마음이 울컥해졌다

수화기 너머로 들리는 한마디
"예전에 내가 너무 심했지 미안하다"
볼링공보다 무거웠던 마음속 탁구공이 사라졌다

복권

남편이 씨익 웃으며 건네준 사만 오천 원
“어머! 이게 웬 돈이야?”

오만 원 당첨돼서
한 장은 복권으로 바꾸고 남은 것이란다
애교 섞인 목소리로 남편의 팔짱을 꼈다

어느 날, 복권 한 장을 주면서
편의점 가서 확인해 보라고 했는데
이번에도 오만 원이 당첨된 것이었다

내 얼굴을 보며 궁금해 하는 남편에게
“에이 꽝이야 안 맞았어.”

나는 슬며시 주머니에 손을 넣고
신사임당 얼굴을 쓰다듬었다

내 친구는 97세

간식 하나 사들고 할머니를 뵈었을 때
어린아이처럼 좋아하시던 모습이
아른거려 전화를 한다

벨소리가 한참을 울리는데 받지를 않는다
무슨 일이 있나 걱정을 하던 순간
다행히 전화를 받으신다

할머니 오늘은 뭐 드셨어요 다리는 안 아프세요
소화는 잘 되세요 매번 똑같은 질문에도
그저 좋아하시는 그분을 나는 친구라 부른다

점점 추워지는 날씨에 난 오늘도
전화를 해본다

삼악산

삼악산아 반가웠다 나약한 다리 힘으로는 못 오를
정상을 케이블카 타고 편안히 앉아 의암호를 건너
야트막한 산 하나를 훌쩍 넘어 너의 품에 안겼다

힘들지 않게 왔으니 조금이라도 삼악산 정기
느껴보라고 굽이굽이 둘레길 따라 정상으로 가는 길
안내해주어 참으로 고마웠다

악기가 없어도 내가 가진 재능을 마음껏 발휘하며
오가는 여행객들에게 추억과 때로는 배꼽 빠지게
웃을 수 있는 즐거움을 부끄러움 없이 내어줄 수
있어서 정말 좋았다

산세 좋고 탁 트인 전망에 나는 그저 감탄할 수밖에
없었다
삼악산아 고마웠다 너의 모습이 벌써 또 보고 싶구나

환경의 날

환한 미소와 맑은 공기를 자라나는 미래의
새싹들에게 물려주려면

경이로운 대자연의 숨결을 마음껏 누릴 수 있도록

날마다 세심한 배려와 관심으로 자연을
보호하며 아끼는 일에 앞장서야겠다

6월 그 날의 기억

한국전쟁의 아픈 기억을 가지고 계신 아버지의 현장
증언은

영화나 드라마보다 훨씬 더 실감나게 바로 눈앞에
그려진다는 말에 나는 마음이 숙연해졌다

철원의 노동당사가 가까이 보이는 집 마당으로 떨어진
포탄에

흔적도 없이 빈 벌판이 되어버린 집터를 손을 꼭 잡고
둘러보며

어린 시절 겪었던 아픔과 공포를 덤덤하게 주고받는
오누이의 모습이 애처로워 보인다

해마다 6월이면 한 번씩 지나다니던 그 집터를 이제
다시는

가지 못하실 것 같다며 말을 흐리시는 아버지의 눈
가가 촉촉이 젖어들었다

어버이날 사행시

어♡ 어른이 되었어도 완전히 알지 못하는 어버이 은혜 그 사랑에

버♡ 버금가는 효를 다하지도 못하는 딸이라서

이♡ 이제부터 마음 다잡고 부모님께 잘해드려야지 다짐하건만

날♡ 날 낳아주시고 길러주신 두 분께서는 오히려 아들딸들에게 한 개라도 더 주시느라 오늘도 사랑 보따리 싸고 계신다

편지

학창시절 방학숙제로 편지쓰기가 있었다

선생님께 안녕하세요 라고 한 후 딱히 쓸 말이 없어

서너 줄 쓰고 끝맺음 인사하던 시절이 있었다

내 나이 50대가 되어 편지를 쓸 때는
부모님께 라는 네 글자에도 눈물이 펑펑 난다

지금의 편지문화는 행사의 한 부분에 있지만
한 글자 한 글자
손 글씨로 곱게 써내려가던 청춘이 그립다

이만큼이라도

저기 높은 산등성이 밤나무에 하얗게
입을 벌리고 웃는 밤송이를 보았다

봉지 하나 주머니에 구겨 넣고 아침 일찍 올라가서
주워와야지 하다 며칠 후

허리 구부리고 이리저리 나무사이 헤치고 올라보니
한쪽 주머니에 겨우 몇 알

그 많던 밤들 어디로 갔나
멧돼지가 먹었구나 다람쥐도 일 년치 양식 숨겨놓았겠지

아참 그렇지 이건 너희들 먹을 거지
한 주먹의 밤톨이라도 남겨준 게 고맙구나

우크라이나

우리들의 온정과 사랑의 마음을 모아

크나큰 슬픔과
아픔을 당한 소중한
이웃과 나라를 위해 기도합니다

라벤더 차의 효능으로
스트레스와 우울한 마음이
치유되어

이제는 더 이상의
눈물 흘리는 일이 없기를 바라며 희망의 내일로

나아가 승리의 영광을 마음껏 누릴 수 있기를 간절히 바랍니다

커피 한 잔

커피 잔 속의 그녀가 활짝 웃고 있어요

피아노 선율이 흐르는 분위기 좋은 카페에서

한 다발의 꽃을 선물 받고 미소 지어요

잔잔한 음악과 함께 사랑을 속삭여요

유채꽃 찬가

유난히도 반짝이는 노란별빛을 흐드러지게
뿌려 놓은 듯 고운미소 띄우며 찾아온 유채꽃

무엇이 그리 궁금한지 고개 쭈욱 들고 이리저리
둘러보며
꽃단장하고 마중 나온 사람들과 인사하느라 바쁘다

모델이랑 사진 찍고 연인들도 반겨주는 유채꽃

바람의 지휘아래 멋진 춤사위 뽐내며 여린 몸짓으로
감동을 주는 작은 꽃

꽃잎 끝에 벌 한 마리 내려앉아도 방긋 웃음
지어주는 착한 유채꽃

찬란한 햇살 아래 더욱 빛나는 너의 얼굴에서
봄이 시작되는구나

엄마 콘서트

근사한 무대도 만들고
반짝이 조명도 나오는
우리 집 콘서트 공연장
단란한 우리 가족은 관람객이죠

음정도 엄마표
박자도 엄마표지만

여든이 넘어서도
열두 곡의 가사를 외워 부르시는 열정에 감동했지요

비록 대형무대도 아니고 관객이 많지 않아도
그런 게 필요한가요

초대가수로 아버지의 노래 한 자락에 온 가족
웃음바다가 된다

기억이 더 없어지기 전에 콘서트하고 싶다는
엄마의 소원 이루어졌다

제4부

꽃다지

제비꽃

제 아무리 꽃들 중에 최고라 자랑하여도
너의 화사함에 견줄까

비단결같이 고운 너의 가녀린 줄기 쌩쌩
바람 불어도 이겨내는 힘은 어디에서 오니

꽃주먹 말아 쥐고 있다가 나를 만나면 그때에
꽃보자기 펼치고 꼭 같이 놀자

꽃다지

쌀쌀한 바람 온몸으로 막아서며
씩씩하게 이겨내고 찾아온
그다지 예쁜 줄은 몰랐던 꽃다지야

예전에는 보이지 않았던 너의 얼굴을 자세히 들여다
보니
어쩜 이리도 귀엽게 생겼니

노랑노랑 물감 방울방울 흩뿌린 친구들이 곁에 많아
바라만 보았는데
신기하게 내 얼굴에도 노란 웃음꽃 피어나는구나

산책길

소복소복 쌓인 눈길에
나의 흔적 남긴다

아무도 걷지 않은 길을 걷다보면
왠지 마음마저 깨끗해지는 것 같다

무성한 잎으로 덮여 있던
신비롭고 오묘한 나뭇가지의 고운 선이 돋보이는

눈 쌓인 길 위를 사뿐사뿐 걸으며 사랑하는 님의 노래 듣는다

내 짝

구름 사이로 비치는
한줄기 햇살처럼
빛나는 내일을 위해

삶의 원동력이 되어주는
사랑하는
나의 옆지기의 이마에

송글송글 맺힌 땀방울은
달콤한 결실로 이어져
더없는 행복으로 다가온다

소나무

소슬바람 불어오는 날에도 꿋꿋하게 품위를 지키고

나뭇잎 떨구어 이불 깔아주는 스산한 날에도

무성한 잎을 가진 나무들보다 멋지고
고풍스런 모습으로 자리 잡고 있구나

솔방울

솔솔 불어오는 바람타고 솔향 한가득 코끝에 머물다

방향제보다 은은한 자연의 향기 선물한다

울창한 숲길에 크리스마스 장식하고 오솔길 따라
예쁜 솔꽃 피워 놓았구나

둘이는

돌과 국화는 서로 사랑하는 사이 같다

바라보고 싶어 꽃이 되고

기다리고 기다리다 돌이 되어버린
애틋한 사랑

넓은 망 사이로 서로 마주보고
사랑얘기 하라 배려해준 사람의 마음도 아름답구나

나무에게

혼자서 양팔 벌려 안아주고 싶은데 안겨지지
않는 너는 둘이서 안아야 될 만큼 몸이 크더구나

나이는 몇 살인지 알 수가 없지만 아마도
내 나이보다는 적지 않겠니

올여름 하마터면 잿더미로 변할 뻔한 위기가
있었지만 잘 버텨주더구나

나도 너를 못 볼 뻔했는데 네가 나를 지켜준 듯하구나

모진 비바람과 화마의 무서움도 이겨낸 네가 잎새
한 잎 툭툭 떨어뜨리는 모습마저 아름답게 보인다

바스락바스락 잎새 밟을 때마다 미안한 마음이
드는 건 바로 애잔한 사랑인가보다

태양

여름날에는 일찍 일어나는 부지런쟁이

겨울에는 늦잠 자는 게으름뱅이

애잔한 마음

딸이 처음 일하는 카페에서 차 한 잔 주문하고
등지고 앉아

혹여나 실수하지 않나 불편해 하지 않나
말없이 찻잔만 만지작거립니다

인생살이 달고 쓰다지만

차 한 잔 마시는 여유로움으로 즐기며
살아갔으면 좋겠구나

붓꽃

붓 끝에 보랏빛 물감 찍어 누구에게 마음 전하나
살짝 물어보니

살포시 쉬어가는 잠자리 살랑살랑 춤추는 나비
노래 불러주는 꾀꼬리와

사랑 담아 인사해주는 나에게 보낸다고 귓가에 살며시
속삭인다

족두리 꽃

연지곤지 찍은 새색시 머리에
족두리 닮았다 해서 붙여진 이름처럼

수줍게 바라보는
네가 참으로 아리땁구나

사랑의 언약으로
백년가약 맺은 내 사랑아
우리 서로 두 손 꼭 잡고

꽃길만 걷자
꽃길 따라 걸어가자

대추

오동통통
대추알 가느다란 줄기 끝에 매달려

바람 불면 톡 나무 위에 까치손님 앉으면 토도독

빨갛고 탐스럽게 익은
대추 몇 알 머리에 떨어졌다

작다고 우습게 봤는데 별이 반짝반짝

밉지 않은 너희들 품에 안고 싱글벙글

도라지꽃

도란도란
돌담 귀퉁이에서

한 살짜리 아기 도라지
꽃주먹 말아 쥐고
하얀 웃음 짓는다

다섯 살짜리 언니 도라지
보랏빛 보자기

살랑살랑
바람 불어 동생 도라지
잘도 돌보네

월미도

월미산과 함께 어우러진 천혜의 자연경관이 아름다운 곳

미래를 이끌어갈 청춘들의 낙원이요
아픈 역사의 한 획을 그은 잊지 못할 이곳
꿈의 관광지에서

도란도란 사랑의 속삭임 나누는 추억 하나 만들고 싶다

월화수목금토일

월하에 밝은 내일을 꿈꾸며
화기애애한 분위기와
수선화 향기 그윽한 자연을 벗 삼아
목화솜처럼 따뜻한 사랑 전하며
금보다 더욱 값진 삶과
토실토실 영글어가는 사랑으로
일상에 기쁨을 전해주는 가족이 있어 좋다

산딸기 사랑

가시 덮인 잎새 사이 조심스럽게 헤치고

탐스럽고 통통한 산딸기 몇 알 따다가 내 손에 건네주는 남편

산딸기보다 달콤한 알콩달콩 우리 부부 사이

벌꿀 따는 날

졸린 눈 비비고 일어나 방충복까지 입으니 우주인 같아 보인다

꿀벌들이 힘들게 모아놓은 달콤한 결실을 그냥 가져간다고

붕붕 윙윙 따가운 벌침을 준다

아파도 좋아라 꿀 한 방울 찍어먹고 웃음 짓는다

주연배우

카톡으로 보내온 빛바랜
사진 한 장 속 우리 엄마
여우주연 급 미모가 돋보인다

또 한 장에는 한 시대를 빛냈던
영화배우 같은 아버지 웃고 계셨다

옛날 사진에 웃다가 작아지고 야위어 버린
남녀 주연배우 모습에 왈칵 눈물 났지만

감동적인 인생영화 2막을 기대하는
언제나 아버지 엄마는 내 인생의 주연배우

동심의 세계를 이끄는 순수한 글을 읽으며

정 춘 근(시인)

1. 시작하는 말

문학을 강의하다보면 특별하게 눈에 들어오는 재능이 있다. 현대 문학의 흐름을 꿰뚫고 있으면서 복잡한 이론으로 무장을 한 수강생이 있다. 이들의 시에서는 현대 도회지 골목에서 불어오는 모던한 바람을 느낄 수 있다. 각종 이미지를 멋지게 디자인하고 화려한 색칠을 해 놓은 추상화를 한편 바라보는 것 같은 시들을 쓰고 있다. 그런 예비작가들을 보면서 나의 습작 시절이 떠오른다. 내가 처음 문학에 관심을 가진 시기는 80년대였다. 고등학교 시절부터 끄적대던 낙서 같은 글을 들고 당시에 결성된 지역 문학회 문을 두드렸다. 당시 중앙 문단에는 포스트모더니즘 광풍이 휘몰아치던 시기였다. 농촌인 내가 사는 곳에도 마른 건빵을 씹는 것 같은 모더니즘이 주류였다. 합평회가 시작되고 몇 번을 망설임 끝에 내놓은 나의 거창한(?) 창작물은 기존 회원들에게는 아주 촌티 나는 잡문으로 보였던 것 같다. 혀를 차면서 '이것도 문학이라고...'라는 소리를 면전에서 들어야만 했다. 달마다 열리는 합평회에 참여를 했지만 좋은 평가는 고사하고 심각하게 방향을 전환하라는 충고를 들었다. 그런 상황에서도 나는 내가 사는 사람들의 질경이 같은 삶, 녹슨 철조망으로 둘러싸인 지뢰밭, 폭발물 사고로 손가락 발가락이 끊어지던 친구들 그리고 평안도 어머니와 황해도 아버지가 들려주던 이야기를 글로 쓰고 싶다는 꿈을 포기하지 않았다. 오랜 습작을 거치는 과정에서 내 주변에 있는 사람들의 아픔을 이해할 수 있었고 또 그것이 시로 만들어지기 시작했다. 1999년 봄에 「지뢰꽃」 외 3편으로 『실천문학』을 통해 시인으로 등단하는 기회도 얻었다. 이런 경험에서 얻은 것은 '문학은 결코 노력을 배신하지 않는다.'는 평범한 사실이다. 이것보다 더 중요한 것은 '어린 아이 눈으로 사물을 바라보는 것' 즉 순수한 시각이 문학에서는 경쟁력이라는 점이다. 그런 것을 증명하고 있는 것이 한때 세상을 지배하던 포스트모더니즘이라는 문예 사조도 봄날 눈 녹듯이 문단에서 사라져 버렸다는 것이다. 아무리 문단을 흐르는 거대한 사조도 문학 본질을 훼손하지는 못한다는 것을 증명한다는 증거이다. 문학의 본질은 주변 사물을 순수한 시각으로 바라보는 것으로 국민 애송시가 윤동주의 「서시」 김소월의 「진달래꽃」이 명확히 보여주고 있다. 그런 관점에 비추어 본다면 이번에 첫 시집 『사과꽃 따는 날』을 상재하는 주정란 시인의 작품들은 문학의 본질 '순수한 시각'에 충실하고 있어 의미 있는 출판이 될 것으로 기대되고 있다.

2. 가족에 대한 지고지순한 사랑

첫 시집 『사과꽃 따는 날』에서 먼저 눈길을 끄는 것이 가족에 대한 지고지순한 마음이다. 인류학적으로 가족은 부부와 그들의 자녀로 구성되는 사회에서 가장 기본적인 단위이다. 이런 가족에 대한 여러 이론이 있어 명확한 정의가 어렵다. 지금 우리가 쓰는 개념은 미국의 인류학자 머독(G. P. Murdock 1949)의 '주거를 같이하고, 경제적 협동과 자녀의 생산으로 특징지어지는 하나의 사회집단'의 주장을 사용하고 있는 것이다. 문학의 소재에는 가족(family)이 많이 등장을 하고 있다. 왜냐면 창작은 자신이 성장한 뿌리를 바탕으로 꽃을 피우고 열매를 맺는 것이기 때문이다. 대표적인 예가 서정주 시인이 「자화상」에서 '애비는 종이었다'라고 첫 구절을 쓴 것이다. 이것을 두고 식민지 시대 아버지라는 발칙한 상상도 있지만 실제로는 《동아일보》 창립자인 김성수의 땅을 관리하던 마름이었다는 것을 표현한 것이다. 어찌됐든 우리 문단의 최고봉으로 평가 받는 서정주 시인도 자신의 가족을 맨 먼저 언급했다는 것은 문학에서 가족이 중요한 주제라는 것을 부정할 수 없다. 이후 많은 작가들이 자신의 가족을 소재로 삼은 것처럼 주정란 시인의 시집에서도 다양한 작품들이 등장하고 있어 소개해 보고자 한다.

> 아버지 칠순 잔치 있던 날/ 가족들 돌아가며 부모님께 하고 싶은 말 한마디씩 하라고/ 사회자가 마이크를 건네주었다// 아버지 엄마 저를 예쁘게 낳아주셔서 감사합니다 했더니/가족과 하객들이 배꼽이 빠져라 웃으셨지요// 얼마 전 남편에게 그 이야기를 꺼냈더니/ 가슴에 손을 얹고 생각을 해보면 왜 웃었는지 알 수 있을 거라고 했다
>
> —「왜 그럴까」 일부

> "아버지 저 소원이 있어요."/ "소원? 그래 딸 소원이라면 들어줘야지" 하시며 웃으셨다// 그래서 명보극장 건물에 있는 뮤지컬 공연장에 갔는데/ "여기는 내 나이 열다섯 살 때 전쟁이 나서 나보다 더 큰 통을 메고/ 아이스깨끼를 외치며 다녔는데 정란이 덕분에 다시 와보네" 하셨다// 한 번도 들어보지 못했던 목소리의 비밀을 알게 되어/ 살짝 눈물이 났다.
>
> —「아버지 목소리」 일부

> 몇 년 동안 시댁에서 살다가 조금 떨어진 곳으로/분가를 했다// 가까운 곳이라 이사를 나왔어도/ 발길을 아예 끊을 수가 없었기에 매일 오고갔다// "그래 순두부 잘 먹었다."// 매일 같이 있을 땐 몰랐는데/ 그날따라 힘없이 앉아 대답하시는/ 아버님의 뒷모습이 짠하게 느껴졌다// 순간 눈물이 핑 돌았다// 그러다 남편과 눈이

마주쳤다/ 같이 울고 있었다

— 「순두부 한 봉지」 일부

카톡으로 보내온 빛바랜/ 사진 한 장 속 우리 엄마/ 여우주연 급 미모가 돋보인다// 또 한 장에는 한 시대를 빛냈던/ 영화배우 같은 아버지 웃고 계셨다// 옛날 사진에 웃다가 작아지고 야위어 버린/ 남녀 주연배우 모습에 왈칵 눈물 났지만// 언제나 아버지 엄마는 내 인생의 주연배우

— 「주연배우」 일부

문학은 거창한 소재를 대상으로 하던 시대가 있었고 이미지를 크게 부풀리는 기법도 있었다. 예를 들자면 '일만척에서 떨어지는 폭포'라는 구절이다. 1척이 30.3cm로 폭포물이 3,030m에서 떨어진다는 말로 세상에 없는 것이다. 그럼에도 그런 표현이 등장하게 된 것은 이런 방식의 글쓰기가 중국에서는 통했기 때문이다. 중국에서는 부풀려서 과장을 잘한 글을 명문장이라고 생각을 하고 있다. 이런 문장 개념이 우리나라에 전래돼서 구한말까지 유행을 하고 있었고 지금은 시효가 지난 작법이 되었다. 그런 허풍쟁이 문학을 대신하는 것이 실제 생활에서 얻은 경험이다. 주정란 시인의 글에서는 주변에서 일어난 일을 바탕으로 쓰고 있어서 읽는 사람에게 거부감을 느끼지 않도록 하는 장점이 있다. 과장을 하거나 작위적으로 꾸미려는 글을 쓰지 않는 것이 장점이다.

위의 소개 글은 주정란 시인 작품 중에서 부모님을 주제로 쓴 글들이다. 첫 번째로 소개한 「왜 그럴까」는 부모님의 칠순잔치에서 일어났던 일을 그려내고 있다. 그동안 키워주신 부모님에게 잔치를 열어 드리면서 하고 싶은 말을 하는 순서가 있다. 거기에서 바다와 같고 하늘보다 높은 은혜를 이야기하기보다는 '아버지 엄마 저를 예쁘게 낳아주셔서 감사합니다'라고 인사를 한다. 이 소리를 듣고 하객들이 배꼽이 빠져라 웃었다는 이야기이고 나중에 남편에게 그 이유를 알게 됐다는 내용으로 이어진다. 그러나 이 시에는 주정란 작가의 사고방식이 담겨 있다. 많은 사람들이 '나는 왜 이렇게 생겼을까' 하는 부정적 생각을 하는 경우가 많다. 그리고 원망을 자신을 낳아 주신 부모에게 하는 것이 요즘 세태이다. 이에 반해 자신이 예쁘다는 긍정적 생각을 하는 주정란 시인의 태도는 세상 사물을 부정적으로 생각하지 않고 있다는 것을 반증한다. 또 부모님에게 올리는 감사의 표현 중에서 이것보다 더 진실한 마음이 없을 것 같다. 이것은 문학적으로도 '감사' '사랑' '존경' 등 형체도 불분명한 관념적 표현이 아니라 '시인 주정란'이라는 구체어를 제시하는 것에서 다른 사람들과 분명한 차별화를 보여주고 있다. 또 「아버지의 목소리」에서는 자신이 알지 못하는 아버지의 슬픈 과거를 듣고 눈시울이 젖는 상황을 설명하고 있다. 아버지는 철원의 관전리에서 살았다고 한다. 그곳은 일제강점기에 관청이 모여 있던 부촌이었다. 여기서 넉넉하게 성장을 하던 아버지는 한국전쟁으로 남쪽으로 피난을 나와서 오르지 먹고 살기 위해 열다섯 때 아이스깨끼 장사를 했었다고 한다. 당시 하도 소리를 지르고 다녀서 목이 쉬었는데 치료를 하지 않고 계속 고함을 지르는 바람에 쉰 목소리가 되었다고 한다. 그런 사연을 서울 명보극장 뮤지컬 장에서 듣게 되고 '열다섯 소년이 자신보다 큰 통을 메고 서울 거리를 돌며 목소리를 높여야 했던 아버지 모습을 상상'하면서 눈시울을 적시는 순수한 마음을 보여주고 있는데 이런 여린 마음으로 쓴 작품들이 독자들에게 공감을 불러올 것으로 보인다. 이와 같은 눈물은 분가를 하고 살면서 거의 매일 찾는 시댁에 「순두부 한 봉지」 사들고 가서 시아버지와 같이 먹고 난 뒤에 '힘없이 대답'하는 모습에 남편과 같이 눈물을 흘리는 내용이 애잔하게 읽혀진다. 요즘은 어른에 대한 공경심이 퇴색된 시대이고 고부갈등이 깊어진다는 우려가 있는 세상이다. 이런 세파와는 달리 친정아버지와 시아버지 보면서 같은 공감대를 형성하는 것은 주정란 시인이 갖고 있는 어른에 대하는 마음이 한결 같다는 것을 보여주고 있는 중이다. 세 번째로 소개된 「주연배우」에서는 세월이 흘러 청춘을 보낸 부모들의 연로해진 모습을 보면서 작가로서 자식으로서 안타까운 마음을 표현하고 있다. 어쩌면 우리 모두는 헨리 위즈워스 롱펠로우(Henry Wadsworth Longfellow)가 「인생 예찬」에서 '인생의 거친 야영장에서/말없이 쫓기는 짐승이 되지 말고/싸워서 이기는 영웅이 되라' 한 것처럼 인생이라는 무대에서 치열하게 살아온 주연들이라는 생각을 하게 된다. 세월이 흘러 과거 아름다웠던 젊음을 잃어버린다고 인생이라는 무대에서는 언제나 주인공이라는 생각은 부모님에게 바치는 존경심일 것이다. 그리고 아무리 오랜 세월이 흐른다고 해도 주정란 시인의 삶에서는 '언제나 아버지 엄마는 내 인생의 주연배우'라는 경외심을 보이는 대목이 절창으로 읽힐 것으로 판단된다.

이밖에도 50대의 젊은 나이에 생을 마감한 아픔을 정제한 「안녕 고모」와 자신이 쓴 시가 노래로 만들어지고 난 뒤에 가족들과 소통을 하는 「가족에게 편지를 쓰다」 오랜 습작기를 거쳐 등단을 하면서 축하를 받은 「시인이 되고나서」가 눈길을 끌고 있다. 이밖에도 선물로 받은 인삼차 한 잔을 통해서 가족의 내리사랑을 확인하는 「어머니 마음」 딸이 일을 하는 카페에서 초조한 마음으로 바라보고 있는 엄마 마음을 표현한 「애잔한 마음」과 오만 원에 당첨된 복권 한 장에서도 행복한 느낌을 나누는 부부의 모습을 그린 「복권」 등은 주정란 시인의 알콩달콩한 삶을 잘 표현한 수작(秀作)이라는 생각이다.

3. 자연에 대한 친근한 눈길

철원은 대한민국 단편 소설 완성자로 평가 받는 상허 이태준의 고향이다. 서자로 태어난 상허 이태준은 일찍 양친이 사망함으로서 고아가 되어 온갖 구박을 받으면서 성장한 작가이다. 그의 작품에는 사람들의 성격을 선명하게 그려내는 특징을 갖고 있어서 구한말 신소설에서 현대 소설로 발전하는 과정에 주춧돌을 놓은 작가이기도 하다. 상허 이태준을 대표하는 수필집 『무서록』에는 소설에서 집착하던 인간심리 묘사에서 벗어나 자연을 예찬하는 글이 많다. 자신이 건축한 서울 성북동 248번지에 있는 수연산방(서울시 중요문화재)에 직접 심었던 각종 화초들에 대한 감상과 고향 철원에서 보았던 자연 환경에 대한 수필 중에서 「화단」에 아래와 같은 내용이 있다.

> 자연은 신이다. 이름 없는 한 포기 작은 잡초에 이르기까지 신의 창조가 아닌 것이 없다.
>
> —『무서록』, 「화단」, 1944년

위의 글에는 인간이 자연을 어떻게 바라봐야 하는지를 정확하게 아우르고 있다. 또한 우리가 하는 문학도 자연을 신처럼 바라보라는 시각을 가져야 하는 것은 작가의 기본일 것이다. 주정란 시인의 작품에서는 자연에 대해서 깊이 있게 바라보는 자세가 있다. 마치 서정주 시인의 「애기의 꿈」에 나오는 '창구멍으로 방바닥에 스며든 햇빛을/ 눈 대 보고, 뺨 대 보고 만져 보고 웃는다.'라는 구절과 같이 순수한 마음으로 표현한 작품들이 많아 소개해 보고자 한다.

> 다음에 만나면 내가 먼저/ 사랑스러운 너의 이름 불러줄게
>
> —「물봉선」 일부

가던 길 멈추고 눈 맞추며 나직한 속삭임에/ 귀를 기울여 보았다

―「나팔꽃 연주」 일부

어딘지 모르게/ 나와 닮아 있어// 눈에 비친 한 방울/ 몰래 감춘다

―「앵두꽃」 일부

다소곳이 속삭이며/ 나를 부르는 작은 목소리 들려오네

―「코스모스」 일부

다음 날 밭에 갔더니 얄미운 새가 냉큼 쪼아 먹었고/ 가까스로 살아남은 콩 이번에는 고라니가 와서 먹어버렸다// 내가 먹을 거는 남겨놓은 새와 고라니 밉지만 착하다/ 같이 나눠먹었으니 그거면 된 거지

―「콩」 일부

작가가 작품에서 자연을 바라보는 시각에는 시적 대상을 담담한 어조로 담아내는 관조(觀照)라는 개념이 있다. 즉 문학 소재가 되는 대상을 차분하고 담담하게 바라보고 음미하면서 느낌이나 의미를 드러내는 것을 말하고 있다. 이런 기법은 구경꾼 입장이 되기 때문에 시적 대상과 작가가 하나의 상태가 되지는 못하고 있다. 그래서 많은 작가들이 자연과 내가 하나가 되는 물아일체 (物我一體)를 추구하고 있다. 철학적 용어인 이 말은 물질계와 정신계가 어울려 하나가 되는 것으로 문학적 완성도를 높이는 요령이다. 주정란 시인의 작품에는 주변에서 얻은 시적인 소재와 작가의 정신이 하나로

완성되는 경우가 많아서 눈길을 사로잡는다. 「물봉선」에서 다음에 만나면 물봉선 이름을 먼저 불러 주겠다는 표현으로 작은 풀꽃에도 생명력이 있는 존재라는 의미를 부여하고 있다. 가던 길을 멈추고 귀를 열고 어떤 노래를 하는지 듣겠다는 「나팔꽃 연주」, 자신의 삶과 동일시하는 「앵두꽃」, 나를 부르는 「코스모스」에서 자연과 일체가 되고 있음을 여실히 증명하고 있다.

특히 주목해서 읽은 작품은 「콩」이다. 자연보호 활동으로 기하급수로 늘어난 야생동물이 농민들에게 원망의 대상이 된 것은 오래 전의 일이다. 자연보호 단체들이 열성적(?)으로 야생 동물 보호에 앞장을 선 덕분에 마을 곳곳 산에는 야생돼지들이 넘치고 논과 밭에는 고라니와 같은 동물들도 생각보다 많이 살고 있다. 여기에다가 예전에는 사냥감이었던 꿩, 비둘기를 비롯해 각종 야생 조류들이 사람들이 심은 곡식을 노리고 있다. 그런 까닭에 마을에서 떨어진 곳에 심은 곡식은 야생동물들 식량창고가 되었지만 해결할 방도가 없는 상태이다. 그래서 농사를 망친 많은 사람들이 짐승 피해를 막기 위해 각종 시설을 설치해 놓고 있으면서 야생조수에 대한 증오심은 생각보다 크다. 이런 상황에서 주정란 시인이 야생조수에게 대하는 태도는 별종에 가깝다. 공들여 심은 콩을 까치, 참새, 콩새 등이 먼저 파먹었고, 그 다음에는 고라니가 먹었지만 그래도 남은 것이 있어 자신이 먹을 수 있어서 다행이라는 발상이다. 더욱이 새와 고라니, 자신 이렇게 셋이서 나누어 먹었으니 만족한다는 생각은 작가만이 가질 수 있는 넉넉한 여유라는 생각이다. 어쩌면 곡식을 나누어 먹는 야생동물들도 자연이라는 큰 틀에서는 같은 식구라는 메시지를 던지고 있다는 생각을 하게 만든다. 자기 것에 집착하는 현대인들에게 자연과 작가가 한 몸이 되는 작품들은 한번은 꼭 읽어야 할 시(詩)라는 판단이다.

4. 생활과 함께 하는 문학

7080시대만 하더라도 마을마다 서점이 있었고 언제나 시집 코너가 있었다. 시인을 꿈꾸는 소년 소녀들이 그 앞에서 시집을 읽고 있던 모습이 있었다. 21세기를 맞이한 지금 웬만한 도시에서도 전문 서점을 찾을 수 없다. 더욱이 문학코너가 사라진 지 오래이다. 그렇게 많았던 문학을 꿈꾸던 사람들이 어디로 간 것일까? 이것에 해답은 스마트폰이 일상화되면서 책의 존재가 설 곳이 없어졌기 때문이다. 불과 몇 십 년 전만 하더라도 지하철 의자에 앉아 책을 보던 사람들이 많았다. 그러나 지금은 손바닥 세상에 빠져있다. 과거 푼돈을 주고 사서 읽었던 신문을 파는 사람도 없어졌을 정도이다. 또 다른 해답은 작가들에게 있다. 요즘 각종 문예지를 통해서 발표되고 있는 시들을 보면 무슨 말을 하려는지 종잡을 수 없다. 마치 깊은 지식을 자랑하는 것 같고 또 암호를 푸는 것보다 난해한 시들이 주류로 자리 잡고 있다. 시인조차 시를 보고 무슨 의미인지 모르는 상황이라면 일반 독자들에게는 '검은 것은 글자요 흰

것은 종이'라는 푸념이 터질 수밖에 없다. 결국 가슴으로 시를 읽던 독자들을 시인들이 다 몰아냈다는 생각이다. 그렇게 해 놓고 요즘 사람들은 시집 한 권 읽지 않는다고 원망을 하는 것은 방귀 뀐 놈이 성을 내는 꼴과 같다. 진정 문학의 부흥을 원한다면 누구나 공감하는 주제로 가장 쉬운 글로 표현을 해야 한다. 글은 지식자랑이 아니라 '독자와 대화'라는 생각으로 바뀌어야 할 시기이다. 그런 점을 놓고 본다면 주정란 시인 작품은 주변에서 체험한 것을 바탕으로 가장 평이한 표현을 통해 큰 울림을 공감케 만드는 특징이 있다. 첫 시집『사과꽃 따는 날』에서 일상에서 배어나온 작품을 모아서 읽어보자면 다음과 같다.

노인들의 첫눈은 쓸쓸함이다/ 소중했던 사람과 함께 했던/ 추억을 그리워할 뿐이다/ 당신에게 첫눈은 어떤 의미인가

―「첫눈」 일부

전화 연결음이 10번도 더 울린다/ 조마조마하면서 조금 더 기다려보았다// 할머니는 꼭 존댓말을 하신다/ 서너 마디의 말이 반복되어도 나는 마음이 놓인다

―「백세 친구」 일부

눈사람에게 마스크 씌우는/ 기발한 생각/ 고깔모자와 팔은 과자로 만든/ 빵집 앞 눈사람

―「눈사람 콘테스트」 일부

쌀쌀한 바람 온몸으로 막아서며/ 씩씩하게 이겨내고 찾아온/ 그다지 예쁜 줄은 몰랐던 꽃다지야

—「꽃다지」 일부

주인장은 정성껏 식구들의 몸을/ 닦아주고 일광욕도 시켜주시며/ 흐뭇하게 바라보신다

—「장독의 일기」 일부

크나큰 슬픔과/ 아픔을 당한 소중한/ 이웃과 나라를 위해 기도합니다

—「우크라이나」 일부

소개한 작품은 주정란 시인이 자신의 생활에서 얻은 것을 소재로 쓴 것이다. 「첫눈」, 「백세 친구」는 소멸예정도시에 접어든 철원의 현실을 그린 작품이다. 한국전쟁 참화 중심지에 있던 철원은 수복지역이다. 곳곳에 깔려 있던 지뢰를 비롯한 폭발물을 목숨 걸고 개척해서 만들어진 지역이다. 휴전 이후에도 안보 위기가 닥칠 때도 묵묵히 자신의 일을 했던 사람들이 공들여 키운 자식들이 모두 떠나고 노령화된 곳에서 주정란 시인은 노인들을 따뜻하면서 안타까운 시각으로 바라보고 있다. 첫눈이 내리는 날 외지에 있는 자식과 소중한 추억을 떠올리면서 창밖으로 난 마을길을 바라보고 있는 노인들의 모습이 슬픈 수채화처럼 다가서는 느낌을 준다. 그것에 연민을 느낀 주정란 시인은 자기 부모보다 나이가 많은 백 살에 가까운 노인에게 안부 전

화를 걸고 있다. 누가 시키지 않았는데도 전화를 걸면서 연결이 되지 않을 때 초조함이 눈에 선하다. 통화를 하면서 할머니의 말이 반복이 돼도 안심을 하는 마음은 이 시대 우리가 잊고 살던 어른들에 대한 공경심에 절로 고개가 숙여지게 만든다. 「눈사람 콘테스트」에서는 마을 빵집 앞에 만들어진 눈사람의 복장을 보면서 느꼈던 즐거운 마음을 그리고 있다. 눈사람 치장도 옛날에는 나뭇가지나 숯으로 했었는데 요즘은 고깔모자를 씌우고 귀한 과자로 팔을 만들어 놓은 모습은 시대가 모렬하게 바뀌었음을 보여주고 있다. 특히 마스크를 착용하고 있는 것은 코로나19 상황을 반영하고 있어 현실감각이 더 살아나고 있다. 또 「꽃다지」와 「장독의 일기」에서는 작은 사물에 생명력을 불어 넣고 있어서 공감을 하기에 충분하다는 평을 받을 수 있는 작품으로 보인다. 이런 작은 것에 애틋한 시선으로 창작을 하는 것은 그동안 오랜 습작 기간을 거쳤다는 것을 알 수 있게 한다. 그리고 「우크라이나」에서는 간절한 평화를 기대하는 작가의 마음이 잘 묘사된 것으로 세계는 하나라는 공감대를 구축하는 데 일조를 할 것으로 판단된다. 개인적으로 평화를 깨트린 사람들을 세계 모두가 힘을 모아 단죄를 하는 것이 진정한 인류애라는 생각이다. 문학은 작품으로 폭격으로 무너진 건물 더미에서 절망하는 사람들의 피눈물을 닦아주는 역할을 하는 것이 본래의 책임이라는 소신이다.

초등학교 특별활동 시간에 처음으로 배웠던 날/ 선생님 서브, 눈 깜짝할 새 날아오는 공을 받지 못했다고/ 어린 나를 매정하게 대걸레 자루로 엉덩이를 때렸다/ 어떻게 처음부터 잘하기를 바라는 것인지

그 작은 것이 뭐라고 가슴이 답답하고/ 숨을 쉴 수가 없는 충격을 받아 40년 동안 작은/ 응어리로 남겨져 있었다

어느 날, 무서웠던 호랑이 선생님과 통화를 하게 되었다/ 순간 악몽이 떠올랐지만 이미 백발이 무성한 할아버지로/ 변한 모습에 마음이 울컥해졌다

수화기 너머로 들리는 한마디/ "예전에 내가 너무 심했지 미안하다"/ 볼링공보다 무거웠던 마음속 탁구공이 사라졌다

—「탁구공」 전문

가끔 중고등학교에 특강을 초대를 받는다. 주로 글짓기가 주제인데 휴식 시간에 교사들과 대화를 하다보면 '수포자'라는 말을 듣는다. 이 말은 수업 포기자의 줄임말이다. 영어 수학 시간에는 30명 학생 중에 수업에 집중하는 학생이 2~3명 정도라고 한다. 이런 교육현실은 우리 미래를 암담하게 만드는 일이다. 학생이 수업을 포기하는 사태에 대해서 위기감을 느끼지 못하는 공교육에서 일차적 책임은 교사에게 있어 보인다. 과거에는 수업 진도에 떨어진 학생을 따로 불러서 나머지 공부를 하는 책임감도 있었다. 최첨단 장비로 무

장한 현대 교육이 누구를 위한 것인지 의문이 든다. 이와 관련 주정란 시인의 작품 「탁구공」은 교육이 가죽으로 만든 채찍으로 다스린다는 뜻의 교편(敎鞭)이 횡행하던 시대 이야기다. 초등학교 특별활동 시간에 탁구공을 제대로 받지 못했다고 여학생 엉덩이를 때리던 못된 선생님이 주인공이다. 맞은 학생은 평생 트라우마로 남았는데 어느 날 그 선생과 통화를 하게 된다. 그 선생님은 호랑이보다 무서운 세월을 이기지 못하고 백발이 되어 있었다. 지난 날 못되게 한 것을 사과하는 선생님 말씀에 '볼링공 같이 무거웠던 탁구공이 마음에서 사라졌다'라는 기가 막힌 표현으로 시를 극적으로 완결을 시키고 있다. 이런 과정을 읽으면서 주정란 시인의 넓은 마음을 느낄 수 있다. 과거에 평생 아픔을 줬던 선생님이지만 미워하기보다는 안타까운 존경심을 보이고 있는 것은 누구나 가질 수 없는 재능은 아니다. 특히 체벌을 행사했던 교사도 나이가 들었어도 잊지 않고 사과를 하는 과정을 보면서 폭력은 가해자에게 상처로 남는다는 사실을 확인 할 수 있게 만드는 좋은 작품이라는 판단이다.

5. 사과꽃에 숨겨진 시인의 마음

독자들이 시집을 사서 가장 먼저 찾아보는 작품이 제목이 된 시(詩)이다. 통상적으로 시집 제목은 작가의 작품 중에 으뜸작을 선택하는 경우가 대부분이다. 이런 것이 원칙은 아니고 작품 내용에서 선택을 하는 경우도 있다. 주정란 시인은 작품 「사과꽃 따는 날」을 제목으로 정했는데 언뜻 보기에는 평범한 느낌이다. 그런데 자세히 보면 이상한 점이 있다. 통상 사과꽃은 작아서 화사하게 피는 날이라는 의미를 많이 쓴다. 그런데 주정란 시인은 '따는 날'이라는 표현을 했는데 정확하게 말을 하면 '사과꽃을 따서 버리는 날'이다. 애써 피운 사과꽃을 따버려야 하는 것에는 아픔이 있다. 이것을 시인의 눈으로 바라보고 있다. 꽃을 따는 것이 사과 농사의 시작이다. 이 작업에는 '사과나무에 개화수가 너무 많을 때에 꽃망울이나 꽃을 솎아서 따주는 것을 적화'와 '꽃봉오리가 너무 많이 달렸을 때 이것을 따서 조절하는 적뢰(摘蕾)'가 있다. 이 작업을 하는 이유는 결실을 좋게 하고 과일 때문에 가지가 부러지는 것을 예방하기 위한 일이다. 주정란 시인은 적화 작업을 하면서 일찍 따야 하는 꽃에 대해서 애틋한 마음을 다음과 같이 전하고 있다.

어린 나무에
빨강빨강 사과 닮은 꽃망울 터뜨리며

살랑살랑 바람결에 사과향기 실어 나른다

아기자기 예쁜 꽃보자기 펼치고 있기에 오래도록 보고 싶었지만

꽃잎 하나하나 자르고 있다가 문득
미안한 생각이 들었다

피어나자마자 너를 떨어뜨려 미안해 내가 사과할게

미안해하지 않아도 된다고 향기 날리며 살포시 꽃미
소 지어준다

—「사과꽃 따는 날」 전문

제시된 작품을 보면 주정란 시인은 아기자기한 꽃보자기를 펼친 사과꽃을 오래 보고 싶었지만 결실을 위해 자르면서 미안한 생각을 한다. 그것은 작은 꽃 한 개에도 일생이 있다는 생명존중 사상의 발로이다. 그래서 피어나자마자 잘라야 하는 것에 미안해하는 말을 전하는데 짙은 사과꽃 향기를 날리며 그런 마음 갖지 말라고 이야기하는 것을 마음속으로 듣고 있다. 이런 태도는 작가가 가져야 하는 기본자세이다. 주변에 있는 작은 식물들에게 봄 햇살같이 따사로운 시각과 봄바람이 살며시 어루만져주는 듯한 물아일체를 여실히 보여주고 있다. 이렇게 사물과 교감을 가지면서 순수한 마음으로 눈높이를 같이하고 있는 작품들이 이기적인 현대 문화에 찌든 사람들 정서를 순화시키는 역할을 했으면 하는 바람이다.

6. 나가는 말

작가에게 잊지 못할 일이 두 가지 있다. 첫 번째는 오랜 습작을 통해 등단을 하는 일이다. 등단을 통보 받았을 때 느끼는 환희는 평생 몇 번 오지 않는 경험 중의 하나이다. 두 번째는 자기 이름으로 책을 출판하는 일이다. 특히 인쇄소에서 갓 나와서 잉크냄새가 가시지 않은 자기 책을 받아들었을 때는 세상을 다 가진 것 같이 행복함을 느끼게 된다. 주정란 시인은 이 두 가지 기쁨을 항시 잊지 않았으면 한다. 등단은 앞으로 글을 써도 된다는 허가증과 같다. 자동차로 비유하면 면허증과 다를 바가 없다. 즉 문단이라는 세상에서 주정란이라는 자동차를 마음껏 주행을 해도 된다는 말이다. 그것은 자기 작품 창작에 최선을 다하고 책임감이 있다는 사실을 잊지 않고 부단하게 공부하고 노력을 해야 한다는 의미이다. 또 시집은 작가 영혼이 쉬는 곳이다. 앞으로 주정란 시인 앞에는 첫 시집으로『사과꽃 따는 날』을 출판한 작가라는 별호(?)가 붙을 것이다. 즉 이 말은 발표한 작품의 진정한 주인은 독자라는 냉혹한 현실을 인식하고 치열하게 작품 활동해야 한다는 뜻이다. 마지막으로 다시 한 번 첫 시집 출판을 축하드리며 많은 독자들에게 사랑 받는 시인 주정란이 되었으면 하는 바람이다.

문학세계대표작가선 990

사과꽃 따는 날

주정란 시집

인쇄 1판 1쇄 2023년 5월 15일
발행 1판 1쇄 2023년 5월 21일

지 은 이 : 주정란
펴 낸 이 : 김천우
펴 낸 곳 : 도서출판 천우
등 록 : 1992. 2. 15. 제1-1307호
주 소 : 서울시 성동구 무학봉28길 6 금용빌딩 2F
전 화 : 02)2298-7661
팩 스 : 02)2298-7665
http://blog.naver.com/cw7661
E-mail : cw7661@naver.com

값 15,000원

*이 책은 한국예술인복지재단으로부터 지원받아 제작하였습니다.

ISBN 978-89-7954-899-0